Lk⁷ 247

AU CORPS LÉGISLATIF.

MÉMOIRE instructif pour l'Assemblée nationale, donné à l'appui de la pétition à elle présentée le 24 Juillet 1792, par les Communes d'Andrésis et Maurecourt, District de Saint-Germain-en-Laye, Département de Seine et Oise, et renvoyée, par un décret, à ses Comités des Domaines et de l'Extraordinaire des finances, laquelle demande la cassation d'un prétendu bail fait au sieur Thomassin par le ci-devant Chapitre de Notre-Dame de Paris, et réhabilité de la manière la plus injuste par les Directoires du District de Saint-Germain et du Département de Seine et Oise, à des conditions qui seules sont capables de le faire annuller ; ensemble la révocation de plusieurs dispositions de la loi concernant les baux amphythéotiques, à cens, à rentes, etc. etc. spécialement celles de l'article 7 et 8, qui, perpétuant les baux dans la main des Fermiers non encore entrés en jouissance lors de la présente loi, sans qu'ils puissent être destitués sous prétexte de dédommagement, si ce n'est de gré à gré.

Ainsi la pétition ci-dessus a deux objets ;

1.º La cassation d'un bail illégal et onéreux à la Nation :

2.º La révision et correction de la loi en vertu de laquelle le prétendu bail a été réhabilité. Nous traiterons ces deux objets séparément

A.

en commençant par le dernier, comme ayant servi de prétexte à la réhabilitation de quantité de baux pareils, et comme étant par conséquent la source de quantité d'abus.

D'abord nous pouvons dire que, si l'on doit juger un arbre par les fruits qu'il produit, la loi qui maintient imperturbablement les Fermiers dans la jouissance de leurs baux est essentiellement mauvaise. Elle est mauvaise premièrement, parce qu'elle a fait perdre à la Nation plus de deux cents millions sur la totalité des biens qui se sont trouvés entravés de ces sortes de baux lors de la vente qui en a été faite. Elle est mauvaise encore, en ce que, contre l'esprit du Gouvernement actuel, et d'une loi même portée précédemment à celle-ci, elle a fait passer la plus grande partie des biens nationaux à de gros capitalistes, et privé les pauvres citoyens de la faculté de les acheter en détail. Ces deux points vont être démontrés. En effet, il passe pour constant, (et rien n'est si facile à vérifier) qu'il y a eu au moins la moitié des biens nationaux entravés de ces sortes de baux. Or, nous pouvons supposer, sans crainte d'être désavoués, que la Nation a éprouvé plus d'un cinquième de diminution sur la vente de chacun d'eux, à raison de ces entraves, en prenant un terme moyen. Donc, puisqu'il y a déjà pour environ deux milliards de ces biens vendus, elle a perdu, sur la vente d'iceux, au-delà de deux cents millions, sans compter ce qu'elle court encore risque de perdre, si la loi en question n'est au plutôt revue et corrigée.

Quant à la supposition que nous avons faite d'un cinquième de perte sur la totalité des biens nationaux, vous en jugerez facilement, Messieurs, par un seul objet, et c'est celui dont nous demandons la cassation du bail. Cet objet consiste dans une ferme d'environ deux cents soixante-seize arpens de prés, vignes et terres labourables, avec quelques portions de rentes et maisons dont le Fermier général actuel a encore pour neuf années de jouissance, au moyen d'un bail quelconque, que le Directoire du District de Saint-Germain a jugé à propos de réhabiliter. Nous n'examinons pas dans ce moment si ce Directoire a eu raison d'en agir ainsi; c'est ce que nous démontrerons bientôt qui n'est pas. Nous nous contenterons seulement de dire pour le moment, qu'il existe un bail, vaille que vaille, de neuf années, à jouir par le Fermier actuel, et que le prix dudit bail n'est que de 4,825 liv. tandis que la cote de l'impôt de ladite ferme se monte à 4,599 liv. 18 s. 3 den. (1), lequel impôt est actuellement à la charge de la Nation, et sera par conséquent à celle de l'acquéreur. Or nous demandons, Messieurs, qu'est-ce qui voudra acquérir un bien déja estimé cent soixante mille livres, et adjugé à ce prix aux deux Communes d'Andresis et de Maurecourt, et qui certainement en vaut plus de trois cents mille ? qu'est-ce qui voudra, disons-nous, acqué-

---

(1) Cette cote d'imposition tirée des rôles d'Andresis, Maurecourt et Jouy, est certifiée par le District.

rir un tel bien, qui ne lui rapporteroit par an que 245 liv., déduction faite de l'impôt à payer, sans compter les réparations locatives qui seroient encore à sa charge, et qui, dans ce moment, montent à plus de dix mille livres ?

Sont-ce de gros Capitalistes ? Non, ces Messieurs savent trop bien calculer pour faire une acquisition qui ne leur rapporteroit rien ; ou s'ils la faisoient, ce ne seroit qu'en s'arrangeant d'avance avec le Fermier, pour partager la proie au détriment de la Nation.

Sont-ce les pauvres habitans de la campagne dans laquelle se trouve cette terre enclavée ? Sans doute il leur seroit très-avantageux de faire cette acquisition, (et ils la desirent depuis long-temps) s'ils pouvoient profiter du bénéfice de la loi, qui leur donne la préférence sur les acquéreurs en gros, et qui leur accorde douze années pour payer le capital avec les intérêts. Mais quand le prix de la vente ne monteroit qu'à 250,000 liv., comment veut-on que ces pauvres gens, qui sûrement sont hors d'état de pouvoir solder la totalité comptant, puissent, durant neuf années consécutives de non-jouissance, payer à la Nation 12,500 liv. non-compris le remboursement annuel du capital et les réparations locatives, lorsque réellement ils ne percevroient que 225 liv. du fermage actuel ?

Qui donc achetera la ferme d'Andresis ? N'en doutez pas, Messieurs, la chose est toute arrangée : c'est le Fermier actuel. Oui, le Fermier actuel est le seul qui puisse faire cette acquisition, au moyen d'un bail dont l'a investi le Directoire du District de Saint-Germain, homologué au Département de Seine et Oise; à moins que quelque gros capitaliste ne se soit d'avance arrangé avec lui, comme nous l'avons déja dit, et cela dans l'espérance bien fondée d'être dédommagé du sacrifice qu'il pourroit faire sur le prix de la vente, qui seroit portée beaucoup au-dessous de la valeur. Mais le pauvre citoyen ne peut faire un pareil arrangement faute de moyens. Sans doute s'il entroit sur-le-champ en jouissance, il pourroit trouver dans son industrieux labeur de quoi entrer en lice; mais il ne peut compter sur un capital qu'il n'a pas. Ainsi donc l'honnête et laborieux citoyen des campagnes aura soupiré vainement après la vente de ces biens, puisqu'il ne pourra jamais y atteindre; ainsi donc il verra des biens confiés autrefois à l'Eglise pour être le patrimoine des pauvres, devenir la proie d'un Fermier dur et avare, ou bien aller grossir la fortune de quelque gros capitaliste plus impitoyable encore que ceux qui les consumoient dans une oisive et coupable indolence. Voila ce qui a donné lieu aux ennemis de la révolution de dire que le décret touchant la vente à termes et en détail des biens ecclésiastiques n'étoit qu'un *leurre* employé par l'Assemblée constituante pour séduire la classe du peuple la plus nombreuse. Pour nous, à Dieu ne plaise que nous ajoutions foi à de pareilles calomnies contre nos augustes Représentans! Croyons plutôt que quand ils ont décrété que la vente des biens nationaux se feroit à termes et dans le plus grand détail, leur intention étoit de faire jouir réellement le pauvre citoyen du bénéfice de cette loi.

Pourquoi donc ont-ils rendu un autre décret si contraire à leurs veritables sentimens ; un décret qui, perpétuant les baux dans la main des Fermiers d'une manière irrévocable, rend ceux-ci maîtres du prix des ventes, et les met à portée d'acheter seuls, avec les gros capitalistes, les biens nationaux ? C'est, faut-il le dire ? oui, puisqu'aujourd'hui toute vérité doit être dévoilée, c'est qu'y ayant dans l'Assemblée constituante un très-grand nombre de Fermiers, ceux-ci surent tromper la vigilance des vrais patriotes pour surprendre un pareil décret.

En effet, il seroit inconcevable sans cela que des hommes aussi intègres et aussi éclairés qu'étoient la plupart de ceux qui composoient l'Assemblée constituante, eussent pu rendre, après un mûr examen, un décret si manifestement contraire au bien public.

On dira peut-être que la classe des Fermiers méritoit aussi quelque considération.

Eh! qui en doute? Mais nos députés étoient-ils donc exclusivement les représentans des Fermiers? Ne l'étoient-ils pas aussi de cette classe infiniment plus nombreuse, de cette classe indigente et laborieuse qui peuple les campagnes ? Et pouvoient-ils sacrifier l'intérêt public a celui de quelques particuliers ?

Si pourtant l'intention de l'Assemblée constituante avoit été, ce que nous avons peine à croire, de favoriser jusqu'à ce point les Fermiers, qu'ils voyoient à la veille de perdre leur emploi, ce seroit, nous osons le dire, une nouvelle preuve de la foiblesse que montra quelquefois cette Assemblée, qui, dupe de son propre cœur, ne vit pas toutes les conséquences d'une générosité mal placée; car on peut appeler ainsi une loi qui, pour enrichir un petit nombre d'individus, a fait le malheur de quantité d'autres; et qui, comme nous l'avons déja démontré, a fait éprouver à la Nation une perte immense. Hâtez-vous donc, sages Législateurs, de corriger cette loi, tandis qu'il reste encore à vendre une partie des biens nationaux. Par-là, vous rendrez à une foule de citoyens vertueux l'espérance de pouvoir en acquérir une petite portion; par-là, vous animerez le feu du patriotisme qui brûle dans nos ames; mais qui, faute d'aliment, pourroit peut-être, hélas! languir et s'éteindre. Car, ne vous y trompez pas, ce qui fait le véritable patriote, est la liberté; et ce qui produit la vraie liberté, c'est la propriété, non pas seulement de sa personne, mais encore de toutes les choses nécessaires à la subsistance. Ainsi, plus vous multiplierez les Propriétaires sur la surface de la France, plus vous augmenterez le nombre des patriotes.

Cependant, quel que soit le parti que vous prendrez relativement au décret dont nous avons montré l'abus, et qui maintient imperturbablement les Fermiers dans la jouissance des baux faits antérieurement audit décret, il est certain qu'il ne peut avoir aucun effet à l'égard de ceux qui ont été surpris originairement à la bonne-foi des ci-devant corps ecclésiastiques, ou qui ont été réhabilités en fraude de la loi. Or, tel est le cas où se trouve le sieur Thomassin : illégal dans son principe, il l'est encore dans sa réhabilitation, comme le fera voir l'inspection seule des actes qui le concernent, et dont l'extrait authentique nous a été fourni par le Directoire même du District de Saint-Germain-en-Laye.

PREMIERE PIECE.

Extrait du Bail passé à Thomassin, par le sieur Peron, Notaire, au nom du Chapitre de Notre-Dame de Paris.

Par acte reçu devant M. Peron et son confrère, Notaires à Paris, le 5 Juin 1788, il appert que Messieurs du Chapitre de Notre-Dame de Paris ont donné à titre de ferme et prix d'argent, pour le temps de neuf années entières et consécutives, qui ont commencé par les jachères 1790, pour ensemencer en 1791, et faire la première récolte en 1792, et promis, pendant ledit temps, faire jouir le sieur Charles-Antoine-Théophile Thomassin et Marie-Françoise Haut-du-Cœur son épouse, demeurant ordinairement à Puiseux :

La ferme d'Andresis et toutes ses dépendances, deux cent soixante-quinze arpens soixante-douze perches trois quarts, tant terres labourables que vignes et prés; quatre pressoirs, la maison du passager et le bac de la fin d'Oise; les cens, rentes et redevances, le tout plus amplement détaillé en la minute des présentes :

A la charge, 1.º de payer annuellement la somme de neuf mille livres; 2.º au Curé d'Andresis sept septiers de bled, huit septiers d'avoine, quarante livres en argent, et en outre la nouvelle augmentation à lui attribuée de deux muids de vin, six septiers

tiers de bled froment, six septiers d'avoine, deux agneaux, deux oisons; 3.° au Curé de Vauréal cinq cents livres; 4.° six livres cinq sols à la Buvette de Messieurs du Chapitre; 5.° de fournir aux Prisonniers le pain et la paille; 6.° trente livres aux Officiers de Justice, et vingt livres au sieur Sistal, et sous toutes autres charges, clauses et conditions énoncées audit bail.

Pour extrait conforme.

Signé, CHANNEVIER, G.ier

Extrait du Procès-verbal de ventilation.

L'an mil sept cent quatre-vingt-douze, le trente-un Janvier, dix heures du matin, nous Notaire Deschien, ancien cultivateur, demeurant à Maulle, et Claude-André-Toussaint Guignard, laboureur à Feucherolles, nommés Experts par le Directoire du District de Saint-Germain, le quatre du courant, à l'effet de faire l'estimation de la ferme et terre en dépendans, située à Andresis, dépendans ci-devant de Messieurs du Chapitre de Paris, dont M. Thomassin est Fermier, suivant le bail à lui passé pour neuf années, dont la première récolte se fera en la présente année 1792, et la ventilation de la dîme portée audit bail : en conséquence, nous nous sommes transportés en ladite ferme, où, y étant, nous y avons trouvé M. *Spement*, Administrateur dudit District, lequel est chargé de pouvoir par l'Administration à l'effet d'être présent aux opérations dont il est question : nous y avons trouvé aussi MM. Beauregard, laboureur demeurant à Sergy, et M. Martin, laboureur à Triel, nommés Experts aussi pour les effets ci-dessus, par mondit sieur Thomassin, où étant, nous avons fait tous ensemble lecture du bail susdaté bien exactement, lequel nous a été présenté par ledit Spement, auquel il avoit été remis par ledit District, et avoit été fait audit Thomassin par Messieurs du Cha-

B

pitre, devant M. Peron, Notaire, et son confrère, le 25 Juin 1788, lequel ayant été bien examiné, nous avons reconnu que le prix total de ladite ferme monte, par année, compris la dîme et autres objets, à la somme de onze mille cent livres; savoir, à Messieurs du Chapitre neuf mille livres; à M. le Curé d'Andresis, pour son gros, huit cent quatorze livres; à M. le Curé de Jouy, pour son gros, huit cent quarante-six livres; à M. le Curé de Vauréal, pour pareil objet, cinq cents livres; et enfin deux cent quarante livres pour frais de justice, sous-chantre, dépenses des prisonniers, arpentage géométrique et petits vins. A l'égard des petits vins, montant à cent livres par année, qui fait neuf cents livres pour lesdites neuf années, ledit sieur Thomassin nous a présenté une quittance de ses maîtres de neuf cents livres pour lesdits petits vins, payés par avance; au moyen de quoi ledit loyer doit être réduit à onze mille livres.

L'opération non cessante, nous avons estimé ladite ferme, les terres et objets en dépendans; premièrement sur la Villette:

4 arpens et 88 perches de terre à 20 liv. l'arpent.	97 l.	12 s.
1 arpent et 7 perches sur Jouy, même prix.	21	8
2 arpens et 83 perches sur Vauréal, 12 liv. 10 s. l'arpent. . . .	35	8
229 arpens 78 perches situés à Andresis, terre labourable, à 20 liv. l'arpent.	4595	14
5 arpens et 55 perches de vigne, à 30 liv. l'arpent.	166	10
1 arpent et 55 perches de friches, à 12 liv. 10 s. l'arpent. . . .	20	10
28 arpens et 36 perches de prés, à 32 liv. 10 s. l'arpent, fait . . .	922	»
1 arpent et 67 perches, bâtiment, cour et jardin, à 30 liv. l'arpent. . .	50	»
13 perches pour les fractions portées audit bail, estimées . . .	1	»

Et enfin, 10 s. par arpent, pour éviter la difficulté des calculs faits	1381.	» s.
Partant, nous trouvons 275 arpens 72 perches de terre, vignes, prés, conformément audit bail, et qui montent, à notre estimation, à la somme de six mille cent quarante-huit livres, ci . .	6148	»
Nous nous sommes transportés dans 4 pressoirs dépendans dudit fermage ; nous les avons estimés de rapport cinquante livres chaque année ; par année	200	»
Nous avons estimé le rapport du bac aussi par année, à deux cents livres, lequel est sur la rivière de la fin d'Oise, défalcation faite des prés qui sont loués avec ledit bac, à un particulier (1).	200	»
Nous avons estimé sept quarts de muids de vin, de droit et cens dûs par différens particuliers, à 50 liv. le muid. . .	87	10
Quatre chapons, même droit. . . .	5	1
Et en argent, même droit.	114	10
Plus et enfin, pour les îles, îlots et émondes sur les routes.	45	»

Par les estimations de l'autre part, il résulte que les objets dont le sieur Thomassin jouira le cours de son bail, se montent à la somme de 6700 liv. Nous observons que, dans cette estimation, le droit de la dîme y est compris, et que toutes les terres comprises audit bail sont fort difficiles à exploiter, et que la plus grande partie est fort loin du manoir, ce qui coûte gros pour la culture.

Suit l'estimation des objets dont le sieur Thomassin ne jouira plus en vertu des décrets. Par l'examen que nous avons fait, nous avons reconnu que sur les territoires d'Andresis, Vauréal, Jouy, le Moutier et Éragny, il y a deux mille sept cent soixante-sept arpens de terres, vignes et prés sujets à la dîme, que nous avons estimée pouvoir valoir trois livres par

---

(1) Le bac est sous-loué par Thomassin 550 liv.

chaque arpent de produit, attendu qu'elle se perçoit à raison de huit gerbes par cent de tout grain, et en cinq pintes et un tiers de pinte par muid, formera un objet de huit mille trois cent une livres, ci. . . . . 8,301 l.

Nous avons pareillement estimé la dîme de charuage, par année, à quatre-vingt-dix-neuf livres. 99

Total, huit mille quatre cents livres. 8,400 l.

Vérification de tous les objets ci-dessus et des autres parts :

1.º La totalité des fermages du sieur Thomassin se monte à . . . . 11,000 l.

2.º L'estimation des objets dont M. Thomassin jouira de son bail, se monte à six mille sept cents livres. 6,700

3.º L'estimation des objets dont M. Thomassin ne jouira plus, monte à huit mille quatre cents livres. 8,400

Total, quinze mille cent livres. . . 15,100 l.

Partant, il convient faire la déduction desdits onze mille livres, sur lesdits quinze mille cent livres; restera la somme de quatre mille cent livres, qui convient être déduite au marc la livre sur chacun des deux objets d'estimation ci-dessus, lequel marc la livre se monte à cinq sols trois deniers et demi-denier pour livre; en conséquence, sur l'objet dont M. Thomassin jouira le cours de son bail, doit être déduit dix-sept cent soixante-quinze livres, et cent livres pour les petits vins; ladite déduction faite, nous estimons que ledit sieur Thomassin payera à la Nation, ou à autre, par chacune des neuf années restantes à expirer de sondit bail et aux époques portées, la somme de quatre mille huit cent vingt-cinq livres, ci . . . . 4,825 l.

Pareille déduction faite sur lesdits huit mille quatre cents livres, dont M. Thomassin ne jouira plus du montant, à deux mille deux cent vingt-cinq livres, restera à la perte de la Nation six mille cent soixante-quinze livres.

A l'égard de la dernière année de l'ancien bail de mondit Thomassin, nous estimons qu'il doit payer pour ladite année la somme de quatre mille six cent quarante-deux livres onze sols, attendu que les cent livres de petits vins qu'il nous a justifié payés, et que son dernier bail montoit à cinq cents livres de moins que celui du courant. Et avons signé ces présentes avec mondit sieur Thomassin, qui a eu beaucoup de peine à accepter lesdites estimations, et a promis et s'est engagé de s'y conformer. Ainsi *signé*:

Martin, B. de Laissement, Deschien, Guignard, Thomassin et Spément.

Pour copie conforme à la minute du procès-verbal d'estimation déposé aux archives de l'Administration.

Signé, CHANNEVIER, *Greffier.*

Extrait du Registre des Délibérations du Directoire du Département de Seine et Oise.

Du onze Mai mil sept cent quatre-vingt-douze, l'An IV de la Liberté.

Vu le mémoire du sieur Thomassin, Fermier de la Ferme d'Andresis, dépendante du ci-devant Chapitre de Paris, par lequel il réclame une réduction sur le prix de son bail, pour raison de la suppression des dîmes;

Vu l'expédition dudit bail, en date du vingt-cinq juin mil sept cent quatre-vingt-huit:

Vu le procès-verbal en date du vingt-trois janvier dernier, contenant nomination d'Experts de la part dudit sieur Thomassin, pour procéder à la ventilation dont est question; ensemble des Experts nommés tant par le Directoire, que par le sieur

Thomassin, en date du trente-un dudit mois de janvier dernier, contenant ladite ventilation :

Vu l'avis du Directoire du District de Saint-Germain, du 14 février dernier, par lequel il estime que le procès-verbal de ventilation dudit jour trente-un janvier dernier, doit être homologué, pour être exécuté suivant sa forme et teneur; en conséquence, et qu'aux termes d'icelui, le prix annuel du bail fait au sieur Thomassin de la Ferme d'Andresis et dépendances, par le ci-devant Chapitre de Paris, lequel ne peut plus subsister quant à la dîme qui y étoit comprise, doit être fixé et réduit à la somme de quatre mille huit cent vingt-cinq livres, payables aux époques déterminées par ledit bail; qu'à l'égard de la dernière année de son ancien bail, le prix, conformément audit procès-verbal, doit être fixé à la somme de quatre mille six cent quarante-deux livres onze sols pour les causes y énoncées; ce faisant, que le Receveur au droit d'enregistrement doit être autorisé à ne recevoir dudit sieur Thomassin les loyers dont il s'agit, que de la manière ci-dessus établie, et qu'il demeurera déchargé de toute répétition, pour raison du surplus du prix des baux; et qu'enfin l'adjudicataire, ou les adjudicataires de la Ferme d'Andresis et dépendances, ne pourront prétendre au-delà de ladite somme de quatre mille huit cent vingt-cinq livres annuellement, à compter du jour de leur jouissance jusqu'à l'expiration dudit bail, et sauf la ventilation entre les adjudicataires, dans le cas d'adjudication partielle desdits objets :

Oui M. le Substitut de M. le Procureur-Général-Syndic, le Directoire du Département homologue la délibération du Directoire du District de Saint-Germain, du 14 février dernier, relative à la réduction demandée par le sieur Thomassin, Fermier de la Ferme d'Andresis, sur le prix de son bail, à cause de la suppression de la dîme, pour être exécuté suivant sa forme et teneur.

Pour expédition. Signé, LEBRUN, *V. P. et* BOQUET *S. Au-dessous est écrit :*

Vu soit porté au registre et expédition transmise à la Municipalité d'Andresis, qui en donnera connoissance au sieur Thomassin, Fermier.

Fait le 19 mai 1792, l'an 4.eme de la liberté.

Les Administrateurs composant le Directoire du District de Saint-Germain-en-Laye. *Signé* HÉBERT, V. SIOT, MIEUX, VIEZ, ODIOT, CHANDELLIER.

Pour Expédition conforme.

Signé, CHANNEVIER, *Greffier*.

Soumission faite par les habitans de Maurecourt et d'Andresis, le 8 mai 1791.

Nous soussignés, habitans de la paroisse d'Andresis, associés et solidaires les uns pour les autres, offrant de prendre à titre de loyers, pour le tems et terme de neuf années, à commencer à la Saint-Martin prochaine de 1791, tous les objets lucratifs compris dans le bail du sieur Thomassin, passé chez le sieur Peron, Notaire, en 1788, au profit des ci-devant Chanoines de la Cathédrale de Paris, consistant en prés, vignes, terres labourables, maisons, pressoirs, bac de la fin d'Oise, cens, rentes et autres, situés en la paroisse d'Andresis et autres lieux, pour lesquels doit être fait une estimation par Experts, nommés, d'une part, par le District de Saint-Germain, et de l'autre, par ledit sieur Thomassin, intéressé à la chose en qualité de Fermier présomptif: Vu la nullité des clauses et conditions de la plupart des articles y mentionnés, et le tout en payant à la fin de chaque année révolue, la somme de sept mille livres, et six cents livres en outre, si l'on veut y comprendre les bois de la Barbannière, autrefois dépendans des Chanoines, et qui ne sont pas compris dans le susdit bail. *Ainsi signé*, Nicolas Mercier, *Officier municipal*; Jacques Dupuis, *Procureur*; Denis Roy, Charles Descartes, François Descartes, *fils de Fran-*

çois ; Nicolas Simon, Charles Fortier, Guillaume Descartes, Jean-Michel Leroy, François Descartes, *fils de* Gabriel; Denis Damênie, Denis Dupuis, Jean Dupuis, Jean Mercier, Pierre Jouan, Bouderet, Pierre-Joseph Geoffroy, Jacques Petit, Descartes, *Officier municipal;* Aubin Massot, Charles Gudier, Pierre Guillot, Jacques Guillot, Claude Robert, Adrien Becasseau, Gosselin, Jacques Petit.

Pour Expédition conforme à la soumission faite par la Municipalité d'Andresis, déposée aux archives de l'Administration.

Signé, CHANNEVIER, G.ier

Si, dans cette soumission, nous n'avions point parlé de l'impôt, c'est qu'il n'étoit point encore fixé ; mais nous comptions bien en être chargés ; et voici de quelle manière nous avons fait notre estimation :

1.º 34 arpens, tant prés que vignes, à 45 liv. l'arpent, compris l'impôt.	1,530 l.
2.º 242 arpens de terre labourable, à 25 l. de valeur primitive ; à quoi il faut ajouter, pour la taille que le Fermier ne paye plus, 4 liv.; pour la dîme supprimée, 4 liv.; pour le gibier détruit, 2 liv. ce qui portoit l'arpent à 35 liv. compris l'impôt ; le tout	8,470
3.º Pour les quatre pressoirs,	300
4.º Pour le bac de la fin d'Oise, loué, non-compris les prés,	460
5.º Pour les différentes parties des rentes et émondes, etc.	252
6.º Pour les maisons de la ferme,	300
Ce qui portoit le total de la location par nous estimée, à la valeur de	11,312 l.

L'estimation faite par MM. les Commissaires est bien différente ! En effet, vous avez pu voir,

Messieurs,

(17)

Messieurs, par l'extrait du bail fait au S.r Thomassin, par le ci-devant Chapitre de Notre-Dame de Paris, quels sont les différens objets compris dans la Ferme d'Andresis; mais qu'une partie de ces objets ayant été supprimés par les décrets de l'Assemblée constituante, il a été nécessaire de faire une ventilation du reste, laquelle, d'après une estimation des Commissaires nommés à cet effet par le District de Saint-Germain et la partie intéressée, réduit le prix de la Ferme de Thomassin à la somme de 4,825 liv. au lieu de . . . . 11,000 liv. à quoi se montoient toutes les charges auxquelles se trouvoit assujetti ledit sieur Thomassin, avant la suppression de la dîme annexée audit bail. Vous avez aussi vu de quelle manière s'est faite la ventilation.

Après avoir procédé à l'estimation de toutes les charges du bail primitif, ils ont passé à celle des objets qui restent en jouissance audit Fermier; lesquels se réduisent, 1.° à 275 arpens trois quarts, tant près que vignes et terres labourables, qu'ils ont estimés, à leur manière, valoir de location . . . . , ... 6,048 liv. puis joignant ensemble différentes parties de rentes qui restent à percevoir, quatre pressoirs et un bac, etc. ils ont formé un total de 6,700 l. Il faut noter que dans cette estimation, l'impôt que payoit Thomassin et qu'il ne payera plus, n'y entre pour rien, ainsi que le gibier détruit.

Mais qu'importe? nos Commissaires estimateurs n'y regardent pas de si près. Après cela, il étoit à croire qu'ils alloient terminer leur opération, puisque tout ce qui restoit à jouir étoit estimé : mais leur arithmétique est plus subtile et plus étendue que la nôtre ; c'est pourquoi ils ont cru devoir aussi estimer les dîmes qui n'existent plus ; et les ayant portées à la somme de . . . . 8,400 liv. toujours en estimant les choses à leur manière, ils ont joint cette dernière somme à la précédente, ce qui donne un total de . . 15,100 liv. dont ensuite ayant soustrait . . . . 11,100 liv. valeur primitive de ladite ferme, il s'est trouvé un reste de . . . . 4,100 liv. Or, ce reste déduit du principal au marc la livre, a fourni une nouvelle somme, qui, jointe aux petits vins payés d'avance et contre la loi, suivant une quittance exhibée par le sieur Thomassin, monte à . . . . 1,875 liv. et cette somme, ils ont jugé qu'il étoit convenable de la déduire du prix de l'estimation, quoique déjà beaucoup au-dessous de sa valeur ; ce qui a enfin réduit le prix de la Ferme à la somme de . . . . 4,825 liv. qu'ils ont conclu devoir être payée à la Nation ou aux acquéreurs de ladite Ferme ; à quoi ledit sieur Thomassin a lui-même accédé, quoiqu'avec beaucoup de peine. Sans doute avec une opération de plus, il ne fût rien resté à payer à Thomassin de la Ferme d'Andresis, qui, toute méchante qu'elle est, suivant le dire des Commissaires, n'a pas laissé que de l'enrichir exhorbitamment dans l'espace de deux baux.

 Quoi qu'il en soit, le Directoire du District de Saint-Germain a cru devoir donner, sur un tel procès-verbal de ventilation, un arrêté qui adjuge à Thomassin le loyer de ladite Ferme, à la somme de 4,825, *sans que les adjudicataires d'icelle puissent rien prétendre, pour quelque raison que ce soit, au-delà de ladite somme payable annuellement*; et le Directoire du Département a homologué l'arrêté du District de Saint-Germain, sur le requisitoire du Substitut de son Procureur-Syndic.

Ainsi, voilà le sieur Thomassin qui naguère convenoit *que la Ferme d'Andresis lui étoit de trop, depuis la mort de son fils*, et qui sembloit être prêt à la résilier (1), le voilà donc encore, disons-nous, embâté de cette Ferme; et seroit bien fâché de ne l'être pas, quoiqu'il en ait trois autres en sus, dont deux en propre. Pourquoi donc écrivoit-il, en 1789, à un de nos concitoyens, qu'il ne s'en soucioit nullement? C'est qu'alors les biens ecclésiastiques n'étoient point encore à vendre; car dès qu'il a su qu'ils seroient vendus, il n'y a pas de démarches qu'il n'ait faites pour rester Fermier d'Andresis; et depuis qu'il a obtenu l'arrêté du District, qui lui assure la jouissance de la Ferme d'Andresis à un prix si exhorbitamment au-dessous de sa valeur, il s'est persuadé qu'il en seroit infailliblement le possesseur : mais il ne la tient pas encore! car nous allons montrer combien sont absurdes et l'arrêté du District,

---

(1) Nous avons sa propre Lettre, qui se trouve à la fin de ce Mémoire, ainsi que copie de celle qui l'a provoquée.

et le procès-verbal de ventilation, et l'estimation qu'il renferme.

D'abord, quant au procès-verbal de vintilation, il péche contre la forme, puisqu'aucuns Commissaires des deux communes d'Andresis et Maurecourt n'y ont été appelés. Cependant elles sont très-intéressées à la chose, en qualité d'adjudicataires desdits biens à l'Assemblée nationale. Pourquoi donc cette omission ? C'est qu'on vouloit que la chose se passât clandestinement et sans contradicteurs : aussi l'affaire s'est-elle terminée à l'amiable, à la table de Thomassin, au milieu d'un festin qui a duré trois jours, et en vuidant force bouteilles du meilleur vin d'Andresis. On a même su depuis que la bonhommie des Commissaires ventilateurs nommés par le District, et qui par conséquent devoient stipuler les intérêts de la Nation, fut portée à tel point, que ceux que Thomassin avoit choisis pour soutenir les siens, n'auroient pas eu besoin de dire un seul mot en sa faveur, et lui firent le compliment ironique, qu'il avoit toujours été heureux en affaires. Effectivement, c'est être heureux d'avoir pour rien une Ferme de dix à douze mille livres de rentes, et plus de trois cents mille livres de capital.

---

(1) Thomassin n'est pas le seul heureux en affaires. Car le sieur Beauregard, laboureur de Sergy, que Thomassin avoit choisi pour son Commissaire estimateur, s'est aussi approprié, presque pour rien, un bien national par un tour de gibecière le plus adroit qu'on puisse imaginer.

Que si la forme est défectueuse, le fonds l'est encore bien davantage. Car pourra-t-on jamais croire que des Commissaires nommés par un District, et le sieur *Spément*, Administrateur à la tête, aient pu faire une pareille opération ? que les Directoires tant du District que du Département, aient eu l'impudence d'adjuger au sieur Thomassin pour la somme de 4845 liv. de revenu annuel, une Ferme qui doit payer 4579 liv. 18 f. 3 d. d'impôt, suivant la cote des rôles d'*Andresis*, *Maurecourt* et *Jouy*, dont nous présentons ici l'extrait certifié par le District de Saint-Germain, et sur lesquels ladite Ferme est située ; c'est-à-dire, pour parler clairement, qu'ils aient loué à Thomassin 276 arpens de terres à 15 liv. l'arpent, exempts de tout impôt, tandis que chaque arpent en payera environ 17 liv. et qu'il est sous-loué par lui au prix de 50 liv. comme le portent les sous-baux que nous avons sous les yeux, et qui sont faits de sa propre main ? (On voit dans ces sous-baux encore une supercherie de sa part. Car l'arpent qu'il sous-louoit quarante francs dans son précédent bail, il le sous-loue dans celui-ci cinquante, et cela sous prétexte qu'il se charge de l'impôt, lui qui n'en a payé aucun.) D'après cela, il est évident qu'il n'y auroit pas de quoi payer la cote de l'impôt, s'il ne se trouvoit encore à percevoir en sus du prix des terres, 652 liv. 1 f. auquel cas il vaudroit certainement mieux abandonner la Ferme au sieur Thomassin, à condition seulement de payer l'impôt et de faire les réparations locatives.

C'est pourtant avec un pareil bail qu'on a eu l'effronterie d'afficher la terre d'Andresis à vendre ; et elle l'auroit été le 27 Juillet, si nous n'y avions mis opposition en vertu d'un décret que nous avons obtenu le 24 du même mois, à l'Assemblée nationale, et qui renvoie l'affaire à ses Comités des domaines et de l'extraordinaire des finances.

Que Thomassin ait prétendu avoir pour rien la terre d'Andresis, en accaparant un bail de neuf années, au moyen duquel il est presque impossible que personne veuille mettre un sols sur lui à l'enchère, cela n'étonne point de la part d'un Accapareur de bleds et de fermes, (il en a quatre) de la part d'un homme à qui toute voye est bonne pour s'enrichir. Mais que des hommes choisis pour être les pères du peuple et les défenseurs des droits de la Nation, aient eu la foiblesse d'adhérer à un pareil brigandage, c'est ce qu'on aura peine à croire, et ce que nous-mêmes ne pourrions nous persuader, si nous n'avions, par toutes sortes de moyens, de bouche et par écrit, cherché à éclairer le District de Saint-Germain sur la valeur de la ferme d'Andresis ; si nous n'avions formé entre nous un acte de soumission il y a plus d'un an, par lequel nous nous engagions solidairement à la faire valoir pour le prix de 7000 liv. en payant l'impôt tel qu'il pourroit être, comme il conste par la copie même (1) qui nous a été délivrée par le District. Par cette soumission,

---

(1) Cette copie se trouve insérée au présent Mémoire.

nous portions le prix total de la ferme d'Andresis à 11,579 liv. tandis qu'elle a été adjugée à Thomassin pour 4845 liv. Quelle énorme différence ! Il y a donc une lésion manifeste pour la Nation. C'est pourquoi nous croyons être fondés à demander non-seulement que ladite ventilation et l'arrêté qui l'a suivie soient déclarés illégaux, mais encore que le prétendu bail de Thomassin soit annullé dans son principe, comme ayant été subreptice vis-à-vis du chapitre de Notre-Dame.

En effet, tout le monde attestera que la ferme de Thomassin ne fut pas même affichée dans le pays lorsqu'il en renouvela le bail en 1788 avec ce Chapitre ; ou que si elle le fut, les affiches en furent sur-le-champ déchirées. Aussi lui fut-elle adjugée pour rien, comme elle l'a été par le District. Car la dîme seule supprimée, valoit plus que toutes les charges du bail, qui, de l'aveu des Commissaires estimateurs, se montent à 11,000 liv. Le calcul s'en peut faire aisément ; car c'est une vérité reconnue des deux Communes d'Andresis et Maurecourt, que toutes les terres décimables ci-devant annexées à la ferme d'Andresis composoient plus de 3,000 arpens. Or, en supposant la dîme à quatre livres par arpent, (elle en valoit certainement davantage) le produit sera de 12,000 liv. : donc Thomassin avoit pour rien la ferme d'Andresis ; donc il y a eu subreption de sa part vis-à-vis le ci-devant Chapitre de Notre-Dame ; donc son bail doit être déclaré nul ; la Nation conservant certainement le droit de revenir contre un contrat abusif.

Dira-t-on que Thomassin a donné un pot-de-vin secret pour obtenir un contrat pareil ? voici notre réponse. Ou le pot-de-vin a été donné au Procureur du Chapitre, ou au Chapitre même.

Si c'est au Procureur, il y a corruption. Si c'est au Chapitre, il y a fraude contre la loi, qui défendoit aux gens de main-morte toute jouissance anticipée. Alors c'est une raison de plus pour le casser ; puisque c'est avoir ajouté la corruption ou la fraude à la subreption.

Enfin, pour résumer toutes les pétitions que nous avons faites dans le présent Mémoire, nous demandons à l'Assemblée nationale,

1.º La revision de la loi touchant les baux amphythéotiques, à cens, à rentes, etc. comme ayant été et étant encore extrêmement préjudiciables à la Nation ; et que tout possesseur de baux entré en jouissance, puisse être destitué moyennant un dédommagement qui sera fixé par l'Assemblée nationale ; mais que ceux qui n'y sont point encore entrés, soient destitués sans dédommagement.

2.º Que le prétendu bail de Thomassin soit déclaré nul, comme ayant été subreptice et frauduleux dans son principe et dans sa rehabilitation par les Directoires du District de Saint-Germain et du Département de Seine et Oise.

3.º Que, vu l'offre par nous faite l'année dernière au District de Saint-Germain, et que nous réiterons, de payer à la Nation . . . 7,000 liv.

en supposant l'impôt tel qu'il pourroit être, ledit sieur Thomassin soit tenu de payer la même somme avec l'impôt en sus, pour les deux dernières années dont il aura joui, et qui sont au compte de la Nation.

4.o Que la vente de la Ferme d'Andresis soit absolument suspendue par un décret formel, jusqu'à ce que cette affaire soit définitivement terminée par l'Assemblée nationale ; après quoi les habitans des deux Communes d'Andresis et Maurecourt soussignés, offriront à la Nation 300,000 liv. pour la Ferme d'Andresis.

5.o Quant au mauvais citoyen qui a cru pouvoir envahir un bien national sans presque bourse délier, nous le livrons à la honte et à l'infamie que mérite sa conduite.

Délibéré à ANDRESIS et MAURECOURT le 3 Août 1792, en présence des Municipalités respectives, et ont signé,

Pour Andresis,	Pour Maurecourt,
Dumenil, *Maire*.	C. Jourdain, *Maire*.
Auferte	D. Bécasseau
Glinez	A. J. Robert
Monchy } *Officiers municipaux*.	A. Godet } *Officiers municip*.
Mercier	N. Bécasseau
Dupuis	A. Fouques
Lambert, *Proc. de la Commune*.	Ad. Geoffroy, *Proc. de la Comm*.

NOTABLES.	NOTABLES.
Charles Fortier.	C. Lamargot.
Denis Glinez.	J. Guillot.
Louis Glinez.	N. Bertaut.
Savin.	P. Godet.
Simon.	F. Tréeux.
Denis Damême.	C. Jouan.
Denis Vallain.	F. Fouques.
Pierre Collet.	L. Bertaut.
Pierre Descartes.	P. Fouques.
Louis Pelletier.	P. Jouan.
Barthelemy L. Descartes.	Aug. Thomas.
J. Th. Descartes.	Gl. Dupui.

Denis Roy.	C. Berthaut.
L. Coste.	F. Guillot.
Coste.	M. Bachou.
Vincent Lambert.	J. Mâle.
P. Le Maire.	An. Mâle.
C. Jouan.	P. Dupui.
J. Th. Descartes.	J. Bertrand.
G. Descartes.	Letroux.
Riffard.	F. Boquillon.
P. Collet.	G. Mâle.
C. Descartes.	Ad. Bécasseau.
Fr. Descartes.	J. Dupui.
D. Jouan.	P. Parquet, père et fils.
Descartes.	L. Boquillon.
R. Roy.	J. Cochard.
P. Lambert.	J. Jouan.
P. Tillard.	J. Petit, père et fils.
P. F. G. Le Maire.	L. Boquillon.
J. Coulon.	L. Fouques.
P. Coulon.	Casoles.
Demarine.	G. Boudré.
	Alex. Meymac.
	C. Gosselin.
	Cauvry.

4 *Septembre* 1789.

LORSQUE vous avez passé chez moi, Monsieur, pour me remercier d'un service auquel je n'ai eu aucune part, je vous ai dit que je desirois pouvoir vous en rendre quelqu'un plus réel et plus affectif. En effet, touché de la triste position où vous vous trouvez, vis-à-vis d'un peuple dont vous avez encouru la disgrace et dont aucun décret ne peut vous relever, parce que rien ne peut maîtriser l'opinion publique, j'ai médité pendant quelque-tems sur les moyens de le faire, et je crois pouvoir vous annoncer le succès de mes recherches. Vous savez que plusieurs cahiers, et en particulier celui de la ci-devant Prévôté de Paris, hors les murs, ont demandé qu'il ne fût permis à aucun laboureur d'exploiter plusieurs corps de fermes. Or, vous en faites valoir trois ou quatre, à ce que l'on dit. Il faut donc, au premier jour, aller vous présenter à l'Assemblée nationale, demander la parole, laquelle vous sera accordée sans difficulté; là, vous déclarerez, que possédant plusieurs corps de fermes, vous venez vous présenter pour en faire le sacrifice en faveur de vos compatriotes, excepté une seule dont vous vous réservez la jouissance. Et de peur qu'on ne vous soupçonne d'en agir ainsi par quelque motif d'intérêt secret, vous ajouterez qu'en renonçant à faire valoir telle et telle ferme, votre intention n'a pas été de faire tort à ceux qui en sont les propriétaires; qu'ainsi vous vous portéz pour caution de ceux qui doivent vous remplacer, pourvu qu'ils vous soient connus.

Quant à la ferme d'Andresis, comme les paroissiens sont en état de la faire valoir en détail, suivant qu'ils l'ont demandé par mon ministère, il vous sera facile de vous en décharger, en la leur offrant au même prix que vous la tenez. Que si vous vous sentez capable d'un pareil acte de générosité et de patriotisme, exécutez-le sur-le-champ, sans marchander avec vous, ni avec vos amis. Par ce moyen, j'ose vous répondre que vous ferez taire tous vos envieux, que vous ferez changer totalement l'opinion publique à votre égard, que vous vous attirerez les applaudissemens de l'Assemblée nationale. Je ne serois pas même surpris de vous voir décerner une couronne civique par ceux qui ont été les plus acharnés à votre perte.

J'ai l'honneur d'être, Monsieur,

Votre obéissant serviteur,

GOSSELIN.

A Maurecourt, ce 4 Septembre 1789.

Tel est le conseil que je donnois au sieur Thomassin, auquel il a répondu par la lettre suivante.

MONSIEUR,

Comme je comptois avoir l'honneur de vous voir, et que jusques alors mes affaires ne me l'ont point permis, c'est pourquoi j'ai différé à vous faire réponse.

Quant à la ferme d'Andresis, dont plusieurs personnes murmurent de ce que j'ai trop d'emploi, effectivement celle d'Andresis m'est de trop, attendu le décès de mon fils, à qui je comptois la céder; mais je pense à prendre des arrangemens pour m'en défaire; cela sera une tranquillité pour moi. Je vous suis obligé des avis que vous me donnez, et je vous en fais mes remercîmens.

J'ai l'honneur d'être bien sincèrement,

MONSIEUR,

Votre très-humble et très-obéissant serviteur,

THOMASSIN.

Puyseux, ce 18 Octobre 1789.

Copie d'un bail fait par le sieur Thomassin.

Nous soussignés Charles-Antoine-Théophile Thomassin, cultivateur de la ferme d'Andresis, d'une part, et les sieurs Jean Dupui, Jacques Petit, Jean-Antoine Godet, Claude Robert, Claude Dupui le jeune, Jean Mercier, tous vignerons demeurant à Maurecourt, d'autre part, sommes convenus de ce qui suit, étant tous solidaires l'un de l'autre, et un d'eux seul pour le tout, que le sieur Thomassin nous loue, pour faire la récolte seulement de cette année, huit arpens quatre-vingt-quatre perches de terre, dont tout est semé de bourgogne, ou luzerne, ou au moins doit l'être, attendu que nous les avons pris tels dudit sieur, quand nous nous en sommes mis en possession, à la réserve seulement de la pièce de la Noue, que nous laisserons en terre, l'ayant prise terre, le tout sans aucun recours de mesure de part ni d'autre, moyennant la somme de quatre cent vingt livres (1) payables à la Saint-Martin d'hyver prochain de ladite année, lesdites luzernes, bourgognes et terres seront exemptes de tout impôt généralement quelconque, et nous nous obligeons de rendre toute la pièce des Carreaux en bonne luzerne et bourgogne à la Saint-Martin prochaine ; ce que nous acceptons et promettons payer dans les délais ci-dessus. Fait double à Andresis, ce vingt et un Mars 1792.

THOMASSIN.

---

(1) Le sieur Thomassin sous-louoit, dans son précédent bail, la même pièce de terre 40 l. l'arpent ; il l'a augmentée de 10 l. à-cause de l'impôt, que lui-même ne paye pas.

Ce bail n'est pas le seul ; il en existe beaucoup d'autres qu'il a faits au même prix.

De l'Imprimerie de Meymac fils, rue de la Bucherie, N.º 11.

www.ingramcontent.com/pod-product-compliance
Lightning Source LLC
Chambersburg PA
CBHW060553050426
42451CB00011B/1889